नूपुर

मैं कविताएं इसलिए लिखता हूं क्योंकि मुझे इससे खुशी मिलती है: मन की,अंतरात्मा की और जीवन की I

AF721885

प्रशांत कुमार

BookLeaf Publishing
India | USA | UK

Made with ❤ on the BookLeaf Publishing Platform
www.bookleafpub.in
www.bookleafpub.com

Dedication

समर्पण

यह काव्य-पुस्तक **महाराज प्रेमानंद** जी को सादर समर्पित है–
जिनके नाम में *प्रेम* की करुणा और *आनंद* की शाश्वत अनुभूति समाहित है।
जिनका जीवन साधना, करुणा और चेतना का जीवंत प्रतीक है I
वे वाणी से नहीं, जीवन से उपदेश देने वाले, और मौन में भी पथ प्रदर्शित करने वाले संत हैं।

Preface

प्राक्कथन

"नूपुर" केवल कविताओं का संग्रह नहीं है, बल्कि जीवन की उन धड़कनों की अभिव्यक्ति है जो अक्सर शब्दों से पहले मौन में जन्म लेती हैं I नूपुर की तरह—जो चलते समय अपनी उपस्थिति का शोर नहीं मचाती, पर उसकी ध्वनि हर कदम को अर्थ दे देती है—ये कविताएँ भी जीवन के साधारण से दिखने वाले क्षणों में छिपी असाधारण अनुभूतियों को स्वर देती हैं।

इस संग्रह की बाईस कविताएँ जीवन के अलग-अलग पहलुओं से जुड़ी हैं— आनंद और पीड़ा, आशा और निराशा, प्रेम और वियोग, समाज और व्यक्ति, स्मृति और वर्तमान ,कभी बचपन की यादों से, कभी प्रेम और रिश्तों से, कभी समाज की सच्चाइयों से, तो कभी अकेलेपन और उम्मीद से। ये कविताएँ किसी खास वर्ग या अनुभव तक सीमित नहीं हैं; इनमें हर पाठक अपने जीवन की कोई न कोई झलक पा सकता है।

यह मेरी पहली काव्य-पुस्तक है। इन कविताओं को लिखते समय न कोई बड़ा दावा था, न किसी को सिखाने की कोशिश। जो महसूस हुआ, वही लिखा गया। कहीं मन खुश था, कहीं बेचैन; कहीं सवाल थे, कहीं चुप्पी। "नूपुर" उसी ईमानदारी का परिणाम है।

एक युवा कवि के रूप में मेरी यह पहली काव्य-यात्रा है। इन कविताओं में कहीं मेरा प्रश्न है, कहीं मेरी चुप्पी, कहीं मेरा विरोध, तो कहीं मेरी स्वीकारोक्ति। यह संग्रह न किसी निष्कर्ष का दावा करता है और न ही किसी उपदेश का—यह केवल अनुभवों की ईमानदार प्रस्तुति है, जो पाठक के हृदय में अपनी जगह स्वयं बनाएगी।

यदि "नूपुर" की कोई पंक्ति आपको अपने जीवन के किसी क्षण से

जोड़ दे, आपकी स्मृति में कोई आवाज़ जगा दे, या आपको कुछ पल ठहरकर सोचने पर विवश कर दे—तो मैं अपनी लेखनी को सार्थक मानूँगा।

यह पुस्तक उन सभी भावनाओं को समर्पित है जो अक्सर अनकही रह जाती हैं, और उन पाठकों को, जो शब्दों में अपने ही मन की प्रतिध्वनि खोजते हैं।

- प्रशांत

Acknowledgements

शब्दों की इस दुनिया में मेरी यह छोटी सी कोशिश उन लोगों के बिना अधूरी होती जिन्होंने मुझ पर विश्वास किया। मैं अपने माता-पिता का हृदय से धन्यवाद करता हूँ जिनके आशीर्वाद ने मुझे हर कदम पर प्रेरित किया। मैं उस व्यक्ति के प्रति गहन कृतज्ञता व्यक्त करता हूँ,जो मेरे जीवन में **हवा की तरह** सदा उपस्थित रहा I साथ ही, मित्रों का निरंतर समर्थन मेरे लिए संबल बना रहा। मेरी इस यात्रा में मिलने वाले हर व्यक्ति ने—चाहे वह कुछ क्षणों के लिए मिला हो या बरसों के लिए—मुझ पर एक अमिट छाप छोड़ी है। आपने मुझे जो अनुभव दिए, जो सबक सिखाए और जिस तरह से मेरे दृष्टिकोण को बदला, वह सब इस पुस्तक के शब्दों में समाहित है। आप सभी का हृदय से आभार, क्योंकि आप में से हर एक ने मुझे एक नया 'मैं' बनने में मदद की है।

1. कलाकार

मैं कुदरत का चमत्कार हूं,
जी हां,त्वरित कलाकार हूं!
अमूर्त कला मेरी पहचान है,
इसलिए हर जगह निशान हैं।
मेरी कला साधन नहीं खोजती,
उभरती है बनकर मेरी अभिव्यक्ति।
लोग कहते हैं, 'क्या कलाकार है!'
'हर जगह प्रचार प्रसार है।
रहता भले पर्दे के पीछे है,
पर सबका ध्यान खींचे है।'
हर बड़ी जगह पर मेरी छाप है
दीवारों को रंगना, क्या कोई पाप है?
गरीबी ने कलम छीनी, नहीं कलाकारी!
मेरी ताकत बनी मेरी पान की पिचकारी
अमूर्त कला मेरे भीतर उमड़ती है
पीक पान की, तस्वीर बनकर उभरती है
हर साफ जगह मेरा निशान है,
रेलवे, अस्पताल मेरी कला की शान है
नासमझ, मेरा मज़ाक उड़ाते हैं
मेरी कला को मिटाने पर उतर आते हैं।

जब तक जीऊंगा तब तक रुकूंगा नहीं
अपनी कला के लिए कभी झुकूंगा नहीं
है सौगंध हर गली कूंचा रंग दूंगा
देश की काली मिट्टी को रंगों से भर दूंगा
धन्य हूं मैं और मेरा देश सौभाग्यशाली
पान की पीक ने जिसकी छवि रंग डालीII

2. पक्का पुल।

पक्का पुल बनने से,
आसान हो गया नदी पार करना।
समय बचता है,
आसानी होती है,
बड़े बड़े वाहन आते जाते हैं
इंसान समृद्ध हो रहे हैं
गांव शहर हो रहा है
परंतु पड़ गई है नदी सूनी
अब कोई मल्लाह नाव नहीं चलाता
अब तैराक नहीं लड़ते लहरों से
बाढ़ में नहीं टूटते कच्चे पुल
कोई नहीं दिखता शाम को नदी किनारे
नदियां अब अकेली हो गई हैं
चिंता में सुखी जा रही हैं
और जब दुख भारी होता है
वे रो पड़ती हैं
और ले आती है बाढ़, आषाढ़ की
कोई नहीं सुनता उनका दुख
क्योंकि सब जानते हैं
पक्का पुल पार लगा ही देगा।

3. नाव

नाव न्याय नहीं करती,
पार लगाती है I
नदी इंतजार नहीं करती
बाह ले जाती है I
पाने के लिए न्याय,
चलाने पड़ते हैं चप्पू
चलना होगा हवाओं के विरुद्ध
जो रोकेंगे तुम्हारी,
न्याय की नौका को,
पार लगाने से I

4. जीवन शहर हुआ I

नदी नहर हुई,
नहर नाला हुआ I
हवा हराम हुई
कोहरा कहर हुआ I
सुख चैन के चक्कर में
गांव छोड़ कर आए थे
यहां जिंदगी जहर हुई
जीवन शहर हुआ I

5. चबूतरे I

घरों के बाहर,
बड़े-बड़े चबूतरे I
बैठे बड़े बूढ़े,
बगल में कुकुर I
जलता अलाव
लोग बढ़ते जाते
चबूतरा फैलता जाता I
फिर चबूतरा बरामदा हो गया,
घर के लोग बैठते थे
कभी-कभी रिश्तेदार भी,
फिर बरामदे की
दीवारें निकल आई
चबूतरे कमरे बन गए
पड़ गई दरारे
उन बैठकों पर
जो होती थी चबूतरों पर I

6. गुब्बारा

'लाल पीले काले नीले,
छोटे बड़े टेढ़े नुकीले'
गुब्बारों का ठेला है,
बेचने वाला अकेला है I
हवा रबर में भरी जाती है,
गुब्बारा बन बिक जाती है I
अलग है इनमें एक गुब्बारा
हवा में उड़ता रस्सी द्वारा
रंग आकार नहीं खूबी इसकी
भीतर की हवा अलग हो जिसकी
यही उसको ऊपर उठाती है
सबसे अलग बनाती है।

7. वीर तू अभ्यास कर

वीर तू,अभ्यास कर;
हो विफल, प्रयास कर;
कठिन काम, आसान कर;
चुनौतियों पर, प्रहार कर;
रुक नहीं, आराम कर;
झुक नहीं, सम्मान कर;
सुबह उठ, शाम कर ;
आगे बढ़कर, नाम कर ;
दर्द हो,सहन कर ;
ना हारेगा, उम्मीद कर;
आना घर, जीत कर ;
सब तेरा है,स्वीकार कर I

8. ऊंची लड़कियां

अच्छी नहीं लगती,
ऊंची-ऊंची लड़कियां I
लोग हंसते हैं,
शोभा नहीं देती I
लंबाई मर्दों की शान है
वे बहादुर दिखते हैं
फर्क है-
'ऊंचा और लंबा होने में'
नहीं बर्दाश्त-
लंबे मर्दों को
स्त्री का ऊंचा होना I

9. युद्ध

मैंने लड़े हैं युद्ध,
द्वंदों से,
दरिंदों से,
दबंगों से,
दरिद्री से,
दवाओं से,
दीवारों से,
दीवानों से,
दीवानगी से,
दगाबाजों से I
जीता हूं ,लगभग हर बार!
सिवाय एक के,
दोस्तों से I
यहां मेरी जीत होती है,
हर हार के बाद I
जो पहनाती है मुझे,
जीवन में जीतने का हार I

10. पड़ोस की लड़की

पड़ोस की लड़की I
खूब खेलती थी,
सुरीला गाती थी,
मोहल्ले में ख्याति थी,
सबको भाती थी I
हर कोई मिसाल देता था,
'बिटिया होनहार है',
'काम में होशियार है'I
बड़ा नाम करेगी ,
सबका सम्मान करेगी,
उम्र के साथ-साथ,
और निखरती गई
अंदर ही अंदर,
धीमें बिखरती गई
उसे पता था ,
वह पूजे जाने लगी है I
जनता बाजार में ,
बोली लगाने लगी है I
बनकर बहू,
किसी अच्छे घर की I

अब देगी आहुति,
वो अपने हुनर की I

11. अम्मा अम्मा I

मां कौन है ?
क्या है इसकी शक्ल?
कौन इसका जन्मदाता?
कहां जन्मी सबसे पहले?
क्या मां देवकी है,
जिसने जन्म दिया I
या है यशोदा,
जिसके घर कृष्ण जन्मा I
क्या मां भावना है ?
प्रेम की, त्याग की I
या वह ताकत है,
हजारों दुआओं की I
या फिर वह ठहरी,
गठरी ममता की I
क्या मां रिश्ता है?
बेटे का जन्मदात्री से I
तो जगदंबा मां क्यों?
क्यों कहलाई देवी अम्मा I
मां है क्या?
जिसके लिए सब अपना,

उसमें बस्ती है अम्मा I
मां कौन है ?
मां अम्मा है I

12. 22 मंजिल की ऊंचाई

22 मंजिल की ऊंचाई से,
खिड़की के बाहर मैंने देखा I
मैं उड़ने लगा,
बादलों के बीच,
पंछियों के साथ I
बारिश के दिनों में,
गदगद होता हूं की,
जमीन पर गिरने से पहले,
गुजरती है बारिश मेरे छज्जे से I
अचानक हवा का झोंका,
धकेलता है मुझको,
छज्जे से परे।
दिलाता है याद I
22वीं मंजिल में रहने से,
कोई उड़ने नहीं लगता,
ऊंचा नहीं हो जाता I
उसे आना ही होगा नीचे,
ऊंचा होने के लिए I
और चढ़ना होगा ऊपर,
23वीं मंजिल के लिए I

13. कागज का गुलाब

तुम देना मुझे,
कागज का नकली गुलाब I
लपेट कर उसमें,
सच्चे ख्वाब I
जो मुरझाए नहीं,
सूखे नहीं,
टूटे नहीं,
छूटे नहीं I
रखूंगा जिंदगी भर,
सीने से लगाकर I
जब तक नहीं आती,
तुम असली गुलाब बनकर I

14. बुद्धिमान और विवेकी I

बुद्धिमान बनकर,
मुझे नहीं खरीदना I
बोतल का पानी,
पैकेट का खाना I
प्लास्टिक का पेड़,
प्यूरीफायर की हवाI
टीन की छत,
रबर का गद्दा I
दिन का तनाव,
रात की बेचैनी I
मैं विवेकी होकर,
सोना चाहूंगा बेखौफ I
खुले आसमान के नीचे,
उन नदी किनारे खेतों में
जहां मुफ्त मिलती हो,
फल,फूल, शुद्ध हवा I
उस मिट्टी के बिस्तर पर,
जो दे सके मुझे,
आज का चैन कल का सुकून I

15. दरोगा जी

एक बार गया था,
थाने रिपोर्ट लिखाने I
ऑनलाइन जुल्म हुआ था,
उसका वाकया बताने I
थानेदार ने समझाया मुझे,
कि मैं अपराधी हूं I
धमका कर बताया मुझे,
फिल्में देखने का आदी हूं I
हंस कर बोले,
घबराओ नहीं I
एक काम करो,
अभी जाओ नहीं I
उस खाते को बंद कर दो I
सिम तोड़, नंबर बदल दो I
ना कोई धमकाएगा,
ना पैसे उड़ा पाएगा I
क्या-क्या करें,
काम बहुत है I
अच्छा भी करो पर,

बदनाम बहुत है I
दरोगा जी सच कहते हैं,
जिंदगी में हम मस्त रहते हैं I
दिन भर फोन चलाते हैं,
पुलिस का काम बढ़ाते हैं I
इलाज से बेहतर, एहतियात है,
अपनी आखिरी मुलाक़ात है I

16. पतंग

सर्द मौसम में I
लोग अक्सर चुनते हैं,
बाहर ना निकलना,
देर तक सोना,
बिस्तर पर चाय,
चना चबैना,
बंद कमरे की गर्म हवा,
आदि आदि I
पतंग को मंजूर नहीं,
रहना बंद कमरों में I
निकलती है बाहर,
उठती है ऊपर I
कोहरे को चीरती हुई,
खींच लाती है बाहर ,
छुपे सूरज को I
और करके गरमा गर्मी,
ठंडी हवाओं से I
करती हैं आराम,
खुले आसमान में I

17. महाभारत I

महाभारत के युद्ध में,
पांडवों के विरुद्ध में I
कौरव सौ भाई खड़े थे,
साथ में भीष्म अड़े थेI
कृष्ण की अक्षौहिणी सेना थी,
द्रोण की युद्ध रचना थी I
कर्ण का अस्त्र बसावी था,
सब पांडवों पर हावी था I
पांडव युद्ध से कतराते थे,
अपनों पर शस्त्र ना उठाते थे I
युद्ध फिर भी टल ना सका,
दुर्योधन मद में संभल ना सका I
डर था,पांडव मारे जाएंगे ;
कौरवों से कैसे बच पाएंगे I
पांडवों की लाज बचाने को,
धर्म ध्वज पताका लहराने को I
कृष्ण कुरुक्षेत्र में उतर आए,
अस्त्र नहीं, अर्जुन रथ ले आए I
कन्हैया स्वयं जब सारथी हो,
सामने चाहे जितने प्रमार्थी हो I

जिसका रथ कृष्ण चलाएगा,
रण में वही विजय पाएगा I
बल से युद्ध नहीं जीते जाते,
बुद्धि-विवेक पार लगाते हैं I
अवश्य अश्व रथ खींचता है,
वीर लहु से रण सींचता है I
सारथी दिशा दिखाता है,
अर्जुन रथ आगे बढ़ जाता हैI

18. चैन पुलिंग

चलती रेल,
अचानक रुक गई I
बिना किसी स्टेशन के,
सुनसान जगह पर I
सब सहम गए I
संभालने लगे,
कीमती सामान को,
गहनों को,
खुद को I
उतर गए,
चैन पुलिंग करने वाले,
अपने गंतव्य पर,
बेखौफ, आराम से I
उनको नहीं परवाह,
अन्य यात्रियों की I
अब भीड़ में करनी होगी,
हर इंसान को अपनी चिंता,
क्योंकि सब कर रहे हैं ,
इंतजार !
करने को चैन पुलिंग,

बिना चिंता किए,
कब पहुंचेगी रेल,
अपने गंतव्य पर ।

,

19. गहरा कुआं I

गांव के बीचों बीच,
साठ फुट गहरा कुआं,
बताता है I
पानी का स्रोत,
सिर्फ पहाड़ों की,
ऊंची चोटियों पर नहीं I
जमीन के नीचे,
गहराई में भी है I
जरूरी नहीं I
हर प्यासा व्यक्ति,
पहाड़ चढ़े,
पानी पीने के लिए I
वह बुझा सकता है,
अपनी प्यास,
गहरा कुआं खोदकर I

20. आईना

नहा धोकर,
इत्र लगाकर,
आईने के सामने,
जब सुंदर दिखता हूं I
मन करता है,
फोटो खींच लूं I
हमेशा के लिए,
याद बन जाएगी I
फिर भी रोज फोटो नहीं देखते,
जो खींची थी कभी,
सजने संवरने के बाद I
रोज तो हम,
आईना ही देखते हैं I
जो सिखाता है हमें,
आज को स्वीकारना I
दिखाता है हमें,
भविष्य की संभावनाएं I
चिल्लाकर कहता है,
खुद की तलाश करने को,
अपने पर विश्वास करने को I

पुराने सुखों को छोड़कर,
भविष्य साकार करने को I

21. काली रात

सूरज उगने से,
अंधेरा छटता है I
काली रात नहीं जाती,
छुप जाती है I
दरारों के बीच,
जहां नहीं पहुंचती,
सूरज की रोशनी I
ढलते ही जिसके,
निकल आती है बनकर,
हमारी सभ्यता का अवसाद I
करती है समाज को,
तोड़ने की बात I
लड़ना है मुझको,
फैली जात-पात से I
पसरी है अंधेरा बनकर,
उस काली रात से I
यकीन है, इस काली रात में ,
जुगनू बनकर आऊंगा I

रात रोशन जो कर ना सका,
चांदनी रात बना कर जाऊंगा I

22. प्रेमानंद I

राज की बात है,
मुझको हुई ज्ञात है I
जहां भी हूं,
जैसा भी हूं I
किसी का भी हूं,
कैसा भी हूं I
एक बात साफ है,
कन्हैया ही इंसाफ है I
जिंदगी हुई वृंदावन,
जीवन में प्रेमानंद जी साथ है I

www.ingramcontent.com/pod-product-compliance
Lightning Source LLC
Chambersburg PA
CBHW070652240926
51846CB00003BA/890
* 9 7 8 9 3 7 5 2 7 3 2 8 8 *